浪花朵朵

LES RÈGLES... QUELLE AVENTURE!
了不起的生理期
青春期女孩的成长课

[法]埃莉斯·蒂埃博 著
[法]米里昂·马莱 绘
马青 译

四川美术出版社

图书在版编目（CIP）数据

了不起的生理期：青春期女孩的成长课 /（法）埃莉斯·蒂埃博著；（法）米里昂·马莱绘；马青译. -- 成都：四川美术出版社, 2023.10（2024.5重印）
ISBN 978-7-5740-0675-1

Ⅰ.①了… Ⅱ.①埃…②米…③马… Ⅲ.①女性—青春期—健康教育—青少年读物 Ⅳ.① G479-49

中国国家版本馆 CIP 数据核字 (2023) 第 168793 号

Les règles... quelle aventure! © 2017 éditions La ville brûle (France) - lavillebrule.com
Published through Milena Ascione- BOOKSAGENT-France (www.booksagent.fr) and S.A.S BiMot Culture, France (www.bimotculture.com)

本作品中文简体版版权归属于银杏树下（上海）图书有限责任公司
著作权合同登记号：图进字 21-2023-228

了不起的生理期：青春期女孩的成长课
LIAOBUQI DE SHENGLIQI: QINGCHUNQI NÜHAI DE CHENGZHANG KE
[法] 埃莉斯·蒂埃博 著　[法] 米里昂·马莱 绘　马青 译

选题策划	北京浪花朵朵文化传播有限公司	出版统筹	吴兴元
责任编辑	唐海涛　王馨雯　赵君曼	特约编辑	周雪莲
责任校对	袁一帆	责任印制	黎伟
装帧制造	墨白空间·黄海	营销推广	ONEBOOK
出版发行	四川美术出版社		
	（成都市锦江区工业园区三色路238号　邮编：610023）		
开　　本	810毫米×1194毫米　1/32	印　张	2.25
字　　数	50千	图　幅	32幅
印　　刷	天津联城印刷有限公司		
版　　次	2023年10月第1版		
印　　次	2024年5月第2次印刷		
书　　号	ISBN 978-7-5740-0675-1		
定　　价	36.00元		

读者服务：reader@hinabook.com 188-1142-1266
投稿服务：onebook@hinabook.com 133-6631-2326
直销服务：buy@hinabook.com 133-6657-3072
官方微博：@浪花朵朵童书

后浪出版咨询(北京)有限责任公司　版权所有，侵权必究
投诉信箱：editor@hinabook.com　fawu@hinabook.com
未经许可，不得以任何方式复制或者抄袭本书部分或全部内容
本书若有印装质量问题，请与本公司联系调换，电话010-64072833

目录

第一次来月经	4
月经周期	8
经血不脏，也不是蓝色的	11
自古存在的月经禁忌	14
月亮定乾坤？	18
阿耳忒弥斯和她的"熊"	21
宗教规则掩盖了什么？	24
与月经相关的迷信	26
经前期综合征及影响	29
怎么？"哎呀呀"来啦？	32
月经时感到疼痛怎么办？	35
什么是子宫内膜异位症？	38
"超级菌群"，你的秘密武器	42
经期卫生用品的"藏猫猫史"	45
选择适合自己的经期卫生用品	48
第一次去看妇科医生	54
不来月经的日子	57
消除月经贫困，我们在行动	60
月经终极测验	63
表达来月经的1001种方法	66
我的专属月经卡片	67

第一次来月经

你一定已经知道,人生就像一场奇遇。在各种不可思议的事件之中,有一件令人格外惊讶:人有性别之分。每天,全世界有几十万新生儿呱呱坠地,大约一半是男孩,一半是女孩。当然啦,他们的数目不会刚好相等,新生儿的男女比例约为 105:100。但是,如果把全世界二十几岁的男女人数进行比较,我们就会发现:他们所占的比例已经基本相同了。

我们都有性器官,这是区分不同性别的方式之一。男孩有阴茎、睾丸,位于身体的外部;女孩有外阴,也位于身体的外部,还有阴道、子宫和卵巢,在身体的内部。不管什么性别,我们都有手臂、腿,都拥有心脏、肝脏、肺等一系列器官,你也许觉得它们不够好看,但它们都很有用!

双性人?

有些婴儿在出生的时候,生殖结构似乎既不符合女性,也不符合男性的典型定义,其性别无法确定,被称为"双性人"。

法语中"青春期"（Puberté）一词源于拉丁语"pūbēs"，有"被毛发覆盖"之意。青春期是人的生理逐渐发育成熟的阶段。成熟后，人就具备了生育功能，可以繁衍下一代。

青春期开始，女孩的胸部逐渐发育，腋下和阴部也开始生出毛发。然后，女孩差不多每个月都有那么几天要流血——不是眼睛流血，也不是鼻子，而是生殖器官流血。不过别担心，女孩并不会因此死去，一般也不会感到疼痛。

 初次来月经的平均年龄
约 12 岁。

法国大革命时期，女孩来月经的平均年龄大约 16 岁，现在，平均年龄大约 12 岁。变化的原因可能是现代人摄入的营养更丰富了。不过，也有人认为是工业生产的食品、糖分的过量摄入以及环境污染扰乱了青春期生理发育的节奏，使月经初次到来的年龄提前了，有的女孩甚至不到 10 岁就会来月经。

一个女孩初次来月经时，一些人会说她"成了女人"。呃，这样说其实有点儿傻。这个女孩在此之前也不是一只猴子啊，更不是随便什么物品！女孩来月经意味着她会逐渐具备生育功能，可以怀孕成为妈妈。但是，女人之所以是女人，并不是因为她可以成为母亲；那些为数不少的没有孩子的女人既不是青蛙，也不是龙（这里只是举些最常见的例子）。

"月经"是学名，除此之外还有无数种说法。比如：来例假了、生理期来了、大姨妈来了、英国人突然来了、哎呀呀来了、虞美人花开了，还有番茄汁或者小熊来了……总之，我们似乎很难坦然地谈论这个生命中常见的小奇遇，虽然它要陪伴每个女性度过近 40 年的时光。

50 岁左右，月经会永久性地停止，女性会进入更年期。

如果你是女性，一般来说，大约有 2500 天（也就是从青春期到**更年期**差不多 1/5 的日子）都会流血，有时候你还会感到不舒服，甚至为来月经感到有点羞耻。你觉得为月经感到羞耻正常吗？不正常吧？我也这么觉得。

每次月经期间要流出 **20 至 60 毫升** 的血，也就是说，这几天的出血量大约相当于一小杯咖啡。

女孩第一次来月经被称为初潮。在欧洲的一些国家，女孩初潮那天要被妈妈轻轻地打一耳光。当然，也有不那么"暴力"的习俗，比如日本人会吃红豆饭，庆祝女孩的"初次绽放"。

想来月经的男人
历史上，一些地方的男人觉得自己不来月经不公平。他们创造了一些仪式，让血液自双腿间流下。他们认为，这可以让自己更强壮，甚至更洁净。生活在新几内亚岛的沃吉奥人便是这样做的。

如果你是男孩，那么首次射精是你步入青春期的重要标志。你不会来月经，但你周围的很多女孩和成年女性会来月经。

女孩和男孩的平等，关系到所有人，**每个人** 都可以从中获益！

月经周期

月经周期自来月经的第一天算起,到下一次月经的前一天结束。通常,一个月经周期差不多一个月。每个周期一般会排出一枚卵母细胞,这个过程叫作排卵。

你一定会问:为什么会有月经?答案很简单:因为女性每个月都要排卵,若排卵后没有受孕,子宫内膜就会坏死而脱落,引起出血,形成月经。之后,子宫内膜会再次被修复,子宫内膜从脱落到被修复的过程就是月经周期。

作为人类(我猜正在阅读本书的你也是这个物种中的一员吧),繁衍后代需要配子,即雄配子(精子)和雌配子(卵母细胞)。青春期时女性大约有 30 万枚卵母细胞,但大多数不会被排出,而是自然消亡。

配子是含有形成人类个体所必需的一半遗传信息的性细胞。

男性的精子自青春期性成熟后产生。在性行为中,男女生殖器官结合,精子就可能进入女性身体,尝试与卵子结合,进而促使女性怀孕。

男性也有周期吗?

男性大约每 70 天能产生 5000 万到 1 亿个精子。但我们不会把这个过程称作一个周期,因为精子在这一过程中是不断再生的。

女性出生时有大量的卵母细胞,但此时还不能受孕。只有在卵巢中经历了排卵这一过程的卵母细胞,才有可能受孕。

排卵日通常是下一次来月经前的第 14 天左右。我们把排卵日前 5 天、后 4 天，连同排卵日一起称为"排卵期"。在这之前，包裹在卵泡之中的卵母细胞会像发酵的面团一样膨胀，直至卵泡破裂，从卵巢排出，经由输卵管，最终进入子宫。

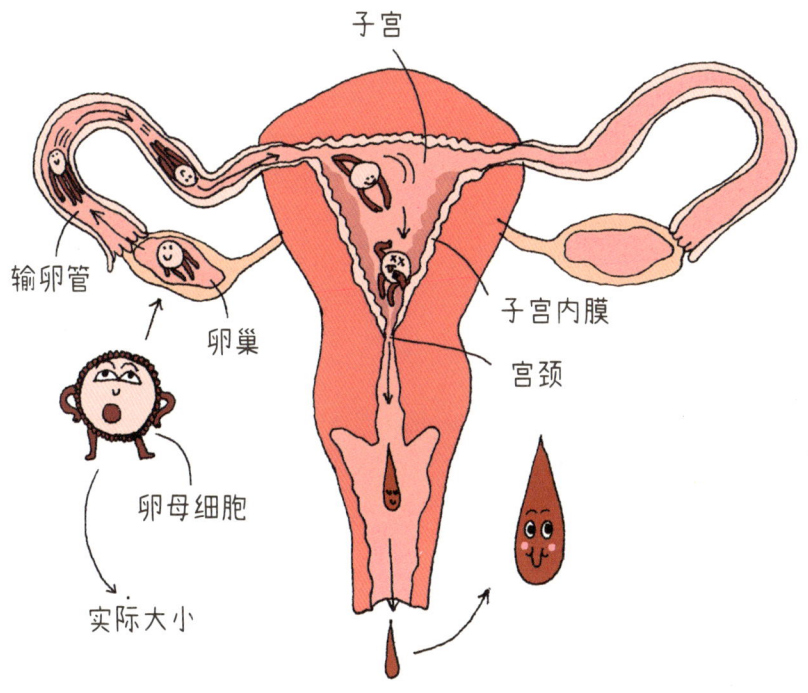

子宫具有强大的能力。女性怀孕之后，它可以在 9 个月里从无花果大小变到西瓜那么大！子宫的内壁是子宫内膜，会在月经周期的初期增厚，法语中把增厚的子宫内膜叫作"la dentelle utérine"（子宫花边）。

子宫就像一个温暖的小房子，每个月都为怀孕做好充分的准备……只是，大多数情况下并不会发生受孕：大多数女性一生只会孕育一个或者几个孩子，但大约会来450至500次月经，也就是会有这么多次排卵！

月经来了：子宫内膜中的血管收缩，子宫内膜坏死并脱落，引起出血，血液与脱落的子宫内膜一起自阴道排出。有时候，一同排出的还有卵母细胞。

就这样，排卵结束了，卵母细胞的生命也走到了终点。这就是月经周期！

动物也来月经吗？

雌性动物来月经的物种数量很少，主要有大型类人猿如倭黑猩猩、黑猩猩，几种蝙蝠，以及一种生活在非洲的神秘小型动物：象鼩。母狗也会出血，但不是来月经，我们把这段时期称为"发情期"。发情期意味着母狗正在排卵。这与人类和倭黑猩猩的情况不一样。

经血不脏，也不是蓝色的

你也许已经注意到了，人们很少公开谈论月经，虽然大多数女性每个月都有那么几天来月经。很多时候，当你想谈这个话题时，人们就会流露出尴尬的表情。

和月经有关的陈词滥调有很多：有人说它脏，有人说它难闻，还有人说它**危险**！

究竟是什么让我们对月经避而不谈呢？很多人跟女性朋友索要卫生巾或者卫生棉条的时候，会放低声音，小心翼翼地把它们藏在桌子下面或者口袋里，好像是什么"危险武器"或者作弊用的小字条一样。回头我们再详细说说这些神奇的"保护措施"，不过就目前所知，卫生巾和卫生棉条并没有什么杀伤力，只不过比普通小字条的吸水性要好一些！

毋庸置疑，月经是一件私密的事。但大小便也很私密啊，我们却毫不避讳，尤其是和家人坐在一起的时候，所有人好像都要聊一聊消化的问题，甚至在饭桌上也时有发生！

礼貌用语

法语中,"Comment allez-vous?"(您最近怎么样?)是一种标准的礼貌用语,用于询问对方大小便是否一切正常。消化好,上厕所顺利,意味着健康状况良好。

其他由身体产生的液体(汗液、泪液、唾液、尿液……)都不像经血这样被讨厌或者令人感到羞耻。比如鼻涕(当然,这不是什么招人喜欢的东西),在流鼻涕时向别人借纸巾,你会压低声音吗?不会!然而,鼻涕里可能含有多种病菌,可能会传染给别人,而月经是不会传染的。

跟受伤后流出的血液一样,经血并不脏,也没什么异味。只有一点不一样:与受伤时血管里流出的血液不同,来月经时流出的经血不会凝固,不会变硬、结痂。只有流出体外,与空气接触时间太长,经血才有可能有异味,但比大小便的味道好多了,也不像穿了一周的运动袜和加热后的卡门贝干奶酪的味道那么令人难以接受——可这些都不是要避讳的话题呀。

有超能力的血

科学家最近发现,来月经时流出的经血有一种超能力!这些血液中带有的干细胞,是可以帮助器官在受伤或受感染时恢复的超级细胞。

一些医学研究者试图利用这些超级细胞,寻找新的治疗手段,治疗严重的心脏病、脑部疾病和子宫疾病。

啊,我忘了说,经血也不是蓝色的——你观看某些广告时也许会产生这样的误解。因此,当你第一次看到自己内裤上的血迹是红色、深棕色甚至黑色时,不要惊讶。如果你看到有一些黏稠的小块,更不要惊慌,它们叫血凝块,看起来有点像果冻。偶尔发生这样的情况,完全正常!但如果经血是蓝色的,那就有问题了,除非你是蓝精灵或者蓝血外星人。

即便你来自天王星,你也得有子宫,才会来月经。当然,你可能还要有一把激光剑,以表明你仍如往常一样可以做个战士——不,我只是开个玩笑罢了。你只需要一根卫生棉条或一片卫生巾。

不是只有女人才有月经

要有月经,首先必须有子宫,并且可以排卵。但并不是所有拥有子宫的人都是女人,还有可能是双性人。所以,有可能一个看上去像男孩的人会来月经,而一个看上去像女孩的人却不会。

自古存在的月经禁忌

虽然月经并不脏，也不危险，但很多时候人们不会公开谈论它，甚至在许多文化中，人们会对来月经的女人心存戒备：这就是我们所说的禁忌。

禁忌，就是我们出于信仰、宗教，乃至人类的生存繁衍等各种原因，不应该提起或绝不能做的事。有一件事对全人类而言都是禁忌，那就是乱伦，因此，近亲之间禁止发生性关系。

禁忌**绝非**出于偶然。

比如对乱伦的禁忌，让人类能够一代一代地传递多样化的基因，有利于人类的生存繁衍。

"禁忌"一词的来源
　　法语中的"tabou"（禁忌）一词来源于波利尼西亚语"tapu"。tapu 指的是被一种非常神秘的力量依附的人、物或地点，普通人不可接触，否则会带来灾祸。这种力量显然是想象出来的，不过对人类而言，想象本身就很有力量！

月经是不能被公开谈论的，而且与羞耻和肮脏联系在一起，这种月经禁忌在人们的日常生活中由来已久，以至于难以消除。

不管是女孩还是男孩都可以，而且应该**谈论月经**，无拘无束，**无须羞愧！**

人类学家告诉我们，月经禁忌遍及世界各地。为什么我们的祖先把月经和经血看成一种禁忌呢？我们已经无从了解其真实的原因，毕竟我们无法回到过去，而祖先们也不可能在岩洞的大门上留下一张解释的便条。不过，我们还是有一些猜测：

• 对危险的恐惧。在大多数文明的发展进程中，血都和受伤、死亡联系在一起。人们不理解女性的身体为什么会流血，这令他们感到恐惧。

• 在很长一段时间里，分娩是很危险的，许多女性死于分娩。经血流出与婴儿分娩都是同一个地方，可能会让从前的人认为它们同样危险。

• 一些从前的人认为，人体流出的血液会吸引野兽，使整个部落陷入危险。也许，这就是为什么一些早期的人类为了保护自己，会将来月经的女性单独隔离。在非洲和亚洲的一些地方，至今还有这样的习俗。

• 月经被看作是女性某种力量的象征，因为她们可以将新生命带入这个世界。这种力量让人如此震惊，以至于人们把月经当成了禁忌。

关于难产

在欧洲，两个世纪前，大约每1000个女性中就有10个因分娩去世。现在，这个数字已经变为每10万个中大约有10个，减少为原来的1%，但这个比例还是太高了！因分娩离世的女性，有99%生活在贫穷的地区，她们的死亡原本是可以避免的。

我们目前还不清楚，人类是从什么时候开始意识到性行为和生孩子之间的关系的。但以前的人一定注意到了，要怀孕首先要有月经，而在怀孕（大约9个月）以及分娩后的一段时间内，月经会暂时中止。

不过有一个谜团存在了很长时间：为什么有的女性会怀孕，而有的不会？直到1924年，也就是约一个世纪之前，日本的荻野久作医生才发现，排卵发生在月经周期的中期，而受孕期每个月只持续两到三天。

我们不知道这是否是有意安排，不过很多地方的月经禁忌中要求男性在月经期间以及随后几天里不可以接近女性，从客观上来说，这有利于提高受孕的概率，与人类繁衍后代息息相关。2022年，地球上的人口约为80亿，可以说人类这一物种在繁衍后代上，相当成功。

倭黑猩猩也有排卵期

雌性倭黑猩猩排卵时，臀部会变得红肿。不过对倭黑猩猩而言，性行为也是解决冲突、缓和关系的一种手段，繁衍后代并非它们绝对的优先事项。我们还不知道为什么雌性倭黑猩猩在排卵时臀部会发红，显然这不是大多数人感兴趣的问题。

也许在很久以前，女性也有一种方法表示自己处于排卵期。不过那段时期距离我们太久远了，我们早已无从知晓！

月亮定乾坤？

也许你听说过这种说法：月亮对月经周期有一定影响。这种说法有一定依据，但不全对。

月经周期和月相的更替周期（29.5天）很接近。人们注意到这一巧合，并且认为其中有一定的因果关系，似乎是月亮把月经"送给"女性的。

法语中"règle"（例假）一词来源于拉丁语的"rēgula"，意思是"规律的"。

但这个猜想有个小问题，女性的月经周期没有我们想象的那么规律。月经周期的长短因人而异，从20天到40天不等，平均约28天。

其次，月经周期还可能随着时间而变化，受很多因素的影响——饮食、疾病、旅行、身体状况、突如其来的压力，或者仅仅是一时剧烈的情绪波动……

关于"月经"一词[1]

法语中月经一词的学名是"menstruation"。其中，"mens"很接近拉丁语中的"mensis"一词，意思是"月份"。可见，人们很早就将月经与月亮联系了起来。

---

[1] 古时候的中国人也把月经称为月事、月水、月信。例如，明代李时珍在《本草纲目》中就写道："月有盈亏，潮有朝夕，月事一月一行，与之相符，故谓之月水、月信、月经。""月"指月经周期接近一个月，"经"则有规律的意思。——编者注

目前还没有明确的证据表明月亮对月经周期有影响！月亮不会导致更多的分娩，不会让人变得更有攻击性，也不会让人长出更多头发，满月时树林里也不会跳出狼人……

还有人说，住在一起的女性来月经的时间会越来越接近。1971年，心理学专业的学生玛莎·麦克林托克首次提出"月经同步"，即"麦克林托克效应"。她注意到，许多住在同一宿舍的女生来月经的时间都一样。但是，后续的研究表明，这一现象并非与住在一起有关。除了二月，每个月都有30天或者31天，而女性每个月都要来月经，因此，总有一定数量的人同时来月经。

可以确定的是，我们的身体对光非常敏感。我们的眼睛后面、间脑的顶部有一个小小的器官——松果体，可以根据日夜的光照变化控制我们清醒和睡眠时的状态，对排卵可能也有影响！因此，也有人认为排卵期可能受到照明的影响。在人工光源不存在（甚至火光都不存在）的情况下，也许月亮会对排卵产生影响。但这一理论没有考虑一些可能导致月光差异的因素，比如季节、云层厚度或者睡觉的地点。

月经与数学

考古学家猜测,原始社会的女性试图通过观察月亮和星星变化的周期,预测月经到来的时间以及分娩的时间,并把观察结果记录下来。这些古老的记录也是人类留下的最古老的计算记录之一。也许在月经和数学之间,存在着比我们已知的更多的关联。

长久以来,月亮的神秘让我们心驰神往。但有一件事情是确定的,那就是自1969年至1972年间登月的12位宇航员中,没有一位是女性。这可一点都不令人向往!

阿耳忒弥斯和她的"熊"

在原始宗教里,先民往往把太阳和月亮视为神。很多女神都与月亮相关,也与月经相关:阿斯塔特[1]、伊希斯[2]、伊南那[3]、赫卡忒[4]、塞勒涅[5],以及阿耳忒弥斯……

狩猎女神阿耳忒弥斯是希腊神话中一位非常重要的女神,在罗马神话中被称为狄安娜。她往往头戴新月形的装饰,佩带弓箭,且常有一头赤牝鹿陪伴左右。据说,她的名字有"强壮的熊"的意思,这或许是一些人把月经称作"熊"的缘由。

研究古代遗迹的考古学家在希腊的布劳隆[6]的阿耳忒弥斯神庙的柱子上发现了一些记载。人们在石头上雕刻着供奉给女神的祭品。其中有一种特别的织物(rakos),有人认为这可能是浸润着初潮或者分娩时的血迹的织物。

当时的女性希望靠这些祭品来获得强大的阿耳忒弥斯女神的庇佑。

人们也把阿耳忒弥斯称作分娩女神,供奉她的神庙遍及希腊,其中最著名的一座位于土耳其。

---

1 阿斯塔特,古代中东地区的女神。——译者注
2 伊希斯,古埃及主要女神之一,被敬奉为丧仪之神,能够治病,也能起死回生。——译者注
3 伊南那,也称作伊什塔尔,美索不达米亚宗教崇拜的女神,主司战争。——译者注
4 赫卡忒,古希腊神话中司掌魔法和美丽的主要女神。——译者注
5 塞勒涅,本意为"月亮",古希腊神话中月亮女神的化身。——译者注
6 布劳隆,古迹,位于雅典以东约 40 千米。这里是阿耳忒弥斯女神的圣地,里面有供奉她的神庙。在古希腊,这里也有房屋,寻求庇护者可在此居住。——编者注

　　传说，在离雅典不远的布劳隆，有一只熊在此藏身，后来被驯养，和人们生活在一起。有一天，几个女孩来这里祭祀，惹恼了熊，熊就抓伤了其中一个女孩。于是，女孩的兄弟杀死了熊。这使得阿耳忒弥斯女神大为恼火：她让瘟疫在雅典传播开来，成千上万人因此丧命！

阿耳忒弥斯还要求所有的年轻女孩到她的圣地来接受应有的教育，因为她们显然不懂规则[1]！曾经有很长一段时间，希腊的女孩都要去阿耳忒弥斯的圣地进行为期几年的学习。我们不知道她们的学习时间具体是怎么分配的，只知道她们要学习狩猎、针织、缝补、唱歌、乐器、舞蹈、运动，以及如何组织节日庆典和大型宗教仪式。她们还要学习月经、怀孕以及分娩的知识，还有如何照顾小婴儿。这些女孩也被叫作"小熊"。学习结束时，她们要举行盛大的典礼：裸着身子，头上戴着花环，围着一个大火堆奔跑。对她们而言，这就相当于毕业考。

来月经对古代的女性而言，是学习**生活知识**的一种方式。

为了人类的生存，知道"规则"很重要。我们在世界各地的不同历史时期，都能发现类似的习俗。

---

1 法语里"规则"的复数形式与"例假"写法相同。——译者注

宗教规则掩盖了什么？

在很长一段时间里，人类相信有众多神灵的存在。慢慢地，一神教开始占据主流。犹太教徒、基督教徒等都认为只有一个神……

父权制

在父权制的社会结构中，男人往往在权力金字塔的顶端，不仅在理念中，在现实中也是如此。如今我们依然生活在父权制的社会中：女人拥有的权利实际上少于男人。虽然法律赋予男女平等的权利，但身处企业领导岗位、政府管理岗位的女性人数比男性要少得多……女性普遍收入更低，更容易遭受暴力和骚扰，并且承担了更多的家务。

一些宗教以月经为由排斥女性，使得她们在社会中往往处于不平等的地位。

- 在最虔诚的犹太教徒当中，来月经的女性不能和丈夫睡同一张床，7天时间里不能触碰自己的丈夫。她们在这段时间不能下厨，吃的食物要由一位没有来月经的女性提前准备。

- 在一些天主教教派中，来月经的女性天主教徒不能去教堂，也不能领圣餐。

大多数宗教认为女性来月经时是不洁净的，月经期间及随后几天不能有性行为；月经期间应该避不见人，结束后要进行沐浴。

月经小屋

在一些国家，还有将来月经的女性单独关在小木屋或茅草屋中进行隔离的风俗，比如尼泊尔的月经小屋（Chaupadi）。这一习俗现在已经被禁止，但还是有一些女性因为担心自己不照做就会遭到神灵的惩罚而依然践行。每年都有人因此而死去，2017年就有一个年轻女孩在隔离中被蛇咬伤，不幸离世。

时光流逝，今天，还有不少女性在来月经的时候觉得自己不洁净，感到羞耻，每个月都有几天担心自己令别人感到不适。如果一个人为自己感到羞耻，那么极有可能会接受与他人之间的不平等，比如，她可能更不容易提出涨工资的要求！

与月经相关的迷信

迷信是一种建立在对未知恐惧基础上的盲目信仰。在法国,迷信的人相信看到黑猫或者自己从梯子下面走过就会带来厄运。

和月经相关的迷信有很多。在欧洲,广为人知的一种迷信和蛋黄酱有关。人们常常说,来月经的女人做蛋黄酱一定会失败。如果你试一下,就知道这是假的。我不是说你一定会成功,但如果失败,那是因为菜谱有问题,或者你搅拌得不够!不来月经的男人有时候做蛋黄酱也会失败,和来月经的女人没什么不同。

过去,人们还说来月经的女人可能会让红酒氧化、食物变质,让镜子不再照出影像,还会让狗得狂犬病。照这些说法,女性在来月经的时候岂不是应该滴酒不沾,粒米不进,不照镜子,也别和自己的狗碰面?

经血也曾被认为是一种毒药。人们说它会让粮食枯萎;骑士在出发征战前会把剑刃浸在经血中,以求对敌时一击致其毙命!据说,在不那么久远的年代里,偶尔还会看到来月经的女人在田间奔跑,因为有人认为经血能杀死危害蔬菜的鼻涕虫……

 灵丹妙药?

还有一些较为少见的迷信,认为经血有益健康。在一些很古老的传统里,人们会在祭祀女神的仪式上饮用经血。他们认为这样可以使青春永驻,令爱情永葆新鲜!

我们不知道这些迷信的说法从何而来。但在很长一段时间里,人类对月经一无所知,而无知与迷信往往相伴而行!

蛋黄酱里的鸡蛋可能会让人联想到繁衍后代的能力,从而与月经产生联系。很长时间里,人们都以为婴儿是由经血发育而来的……但是,为什么又会认为月经能导致狂犬病或者让镜子不能照出影像呢?这真是一个巨大的谜,毕竟,你很容易就能证实这些说法是错误的!

不管来源何处,这些迷信的说法都有一个作用:加强人们的印象,让人们彻底相信经血是危险的,女人也是危险的,最好不要靠近。总而言之,这些迷信思想强化了月经禁忌。

是花就必然会枯萎!

1920年,儿科医生贝拉·希克声称,来月经的年轻姑娘触摸花朵后,花朵会枯萎得更快。他推断女性在月经期间会释放一种毒素,使植物腐烂。

已经有若干研究证实这一说法纯属无稽之谈。我们可以养花,也可以在任何时候触碰花朵!

对女性的偏见和随之而来的不公平造成了性别歧视。它们让有些人相信,女人和男人如此不同,她们不应拥有同样的权利,不应在社会上发挥同样的作用。

与月经有关的错误认知存在的时间如此之久,以至于过去的很多医生和科学家看待女性的方式也受到了巨大的影响。很多人认为女性不仅与男性不同,而且还低人一等,甚至每个月都有几天很危险。认为女性的社会地位低,对她们的兴趣就比较低,对她们的照顾不那么周到,给她们的待遇也不那么好。

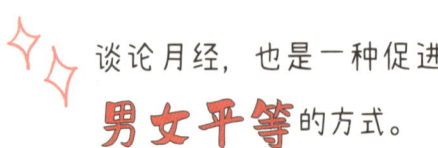

谈论月经,也是一种促进**男女平等**的方式。

直到今天,医学已经取得了巨大的成就,人们的健康状况得到了很大的改善,寿命也延长了,但我们还是对一些与女性相关的疾病束手无策,尤其是与月经相关的疾病,因为人们在这个"禁忌"课题上所做的研究还远远不够。

经前期综合征及影响

来月经或来月经的前几天,你有可能会肚子疼或者腰疼。子宫由肌肉组织组成,要来月经时会收缩,以排出脱落的子宫内膜和产生的血液,当收缩过强时,你就可能感到疼痛。此外,有的人还会头痛,但不一定每次都如此,这种情况叫作"经行头痛"。

不能说的秘密

法语中,有时候会用"cataménial"这个词来描述与月经有关的事,这个词来源于希腊语。法语中,还有一个短语和它有关——en catimini,有"悄悄地、秘密地"的意思,和月经有关的事都好像是不能说的秘密。

还有一些身体状况也可能在月经前出现:乳房胀痛、腹痛、皮肤和头发比平时更油腻、长痘痘、大腿和腹部肿胀,或者频繁地想上厕所。

对有些人来说,月经将近可能会对其心情产生影响:她们会情绪低落,感到悲伤、沮丧。

这些问题有可能与月经期间激素水平的波动有关,激素水平可能会影响我们的胃口、心情以及消化。但不是所有人都会这样,科学家也不清楚为什么有些人能保持好心情,而有些人每次来月经时心情仿佛坐过山车一般。

激素无所事事吗？

激素是我们体内的内分泌腺产生的一种分泌物。卵巢和睾丸就是内分泌腺的一种，被称为生殖腺，通过脑部的下丘脑，作用于腺垂体，进而刺激激素的分泌。此外，还有甲状腺、肾上腺等。在这些腺体的指挥下，激素当然不会无所事事！法语中，"hormone"（激素）一词源于希腊语，原意为"奋起活动"。人体内的激素多达200多种，例如：雌激素、孕激素、睾酮、催产素、胰岛素、多巴胺、内啡肽等。这些激素是激活身体重要功能的化学信使，促使身体消化、睡眠、运动、排卵或产生精子等。人体的内分泌系统非常复杂，我们目前对它知之尚浅，要保持它的平衡也不太容易。法语口语中，短语"avoir les glandes"（有腺体）往往用来形容一个人"有些神经质"。

来月经前，有时候你会感到仿佛有一个恶魔在控制你的身体和情绪，脑海里会闪过这样的想法："为什么我想哭？好吧，有时候悲伤来得就是这样毫无理由。不过，也可能是因为我长得难看，没人喜欢我。"但下一秒，你又可能会这样想："今天过得真开心！我真是棒极了。"你有可能会大口吃着巧克力和蘸辣酱的薯条，感到心情愉悦，但下一秒却因为别人问你几点钟了，大发雷霆。总而言之，这不是什么舒服的日子。

在医学上，这种状态被叫作"经前期综合征"，英语缩写为PMS。一位叫凯塔琳娜·多尔顿的女医生于1953年首次确认它的存在并给它命名。她在经期有偏头痛的症状，怀孕的时候却没有，因此她认为可能是激素失调导致她经期前以及月经期间感到不适。

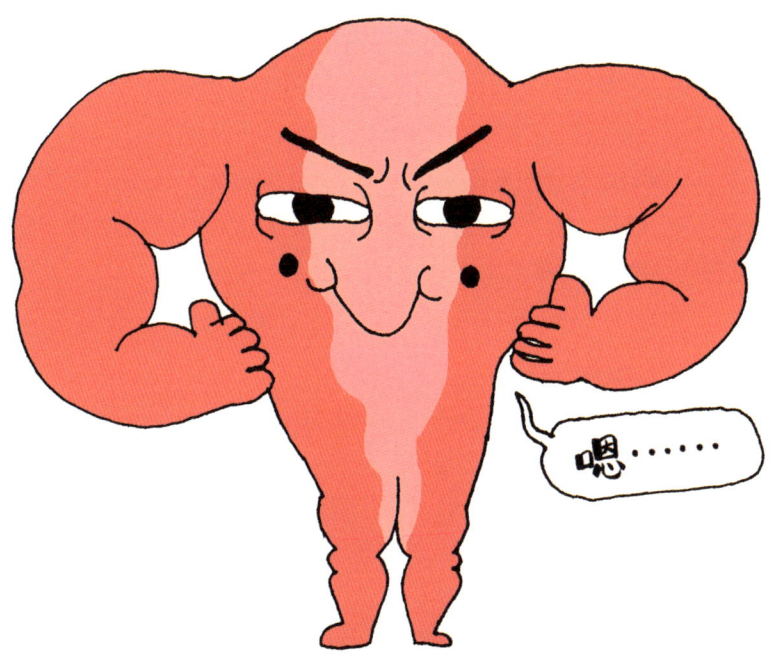

但是，并非所有人都同意"经前期综合征"这种说法。有人甚至说这是一种想象出来的疾病。在他们看来，激素对我们的影响就像天气预报一样：实际温度和体感温度之间总是有所差异。事实上，这有点像是经典的"先有鸡还是先有蛋"的问题：是激素水平影响了我们的身体和心情，还是我们的状态影响了激素水平呢？我们对此并不清楚！

也许正因为如此，我们还没有找到真正有效治疗经前期综合征的药物。最有效的应对方式还是体育锻炼、放松心情以及平衡饮食……最重要的是接受自己真实的状态，不要为此感到羞耻——要知道，你理应获得应有的尊重。

怎么？"哎呀呀"来啦？

不管有没有经前期综合征，你早晚会听到有人这么问："怎么啦？这么烦躁，是'哎呀呀'来了吗？"没错，以月经为由批评一个女性的态度，这种事情太常见了！

法语"ragnagnas"（哎呀呀）一词指什么？
这个词可能来源于法国西南部加斯科涅方言中的"arrouganh"一词，意思是：欲望、快乐。还有一些解释则令人不那么愉快：有人认为这个词来源于法语中的拟声词"gnagnagna"[1]，用来模仿女性心情糟糕时的状态。真讨厌，是吧？

这个问题非常令人不快。这种说法就是将月经看作一种病，这样的态度是不打算认真听你说话的，也不会认真对待你。

也许这时你并没有来月经，或者你来了月经，但没有任何不舒服，就像大多数会来月经的人一样。就算是这样，你也完全有理由心情不好，这与是否来月经没有任何关系！

也许你恰好来了月经，而且感到不舒服，但这么说，仿佛是在暗示你没有能力控制好自己的情绪，想让你为此而羞愧。这种做法没有任何帮助。更好的做法是认真倾听，帮助你，让你感觉好起来！

---

[1] 发音类似于"尼亚尼亚尼亚"。——译者注

你是否来月经与任何人无关,想把它当成攻击你的武器,没门儿!

英国人突然来了？

这种说法诞生于滑铁卢战役（1815年）的时候。拿破仑一世的军队与由荷兰、普鲁士以及英国等国组成的联军作战，结果战败了。当时，英国军队的制服是红色的，就像血一样！

事实上，与月经无关，又让人感到烦躁的事情实在太多了：比如女性花在家务上的时间是男性的两倍，再比如大多数的实权岗位都由男性占据！

有时候，为了避免听到别人说"怎么？是'哎呀呀'来了吗？"这样的话，你可能不敢随便说起月经，不能诚实对待自己的感受；你可能会怀疑自己，怀疑自己的所说、所见——也许你会慢慢对自己失去信心。你完全不必如此，我们都可以诚实地表达自己的感受。

而且，那些拿女性月经开玩笑的男人，又是否能始终保持好心情呢？他们从来不会毫无理由地心情低落吗？未必吧……

人体会产生200多种不同的激素。曾经，人们一度错误地认为，男性体内含有的大量睾酮与暴力行为有关联。但如果一位男性感到烦躁或者有暴力行为，没有人会问他是不是睾酮水平不正常。为什么？因为认为一位男性受激素支配是不公平的，有点看不起他的意思。那么，为什么对女性就不是如此呢？

借助**月经**，也许我们终于能够思考自己到底是谁了！

月经时感到疼痛怎么办？

刚开始来月经时，总是不太规律，有可能你还会感到疼痛，因为你的身体还没有习惯。对一切刚刚遇到的新情况，我们都会感到担心，会想这么多的血或者这么少的血是否正常？为什么它是液体状或者不是液体状？为什么我总想频繁地去厕所？如果在数学课上或者假期刚开始的时候月经突然造访，我该怎么办……总之，我们有许多问题，却总是没有答案，因为每个人的情况都如此不同。有人出血量很大，有人很小。有人一点儿都不会感到疼痛，有人却痛到完全无法运动。另外，在人生的不同阶段，月经周期和月经本身都会不断变化。

在一些罕见的情况下，确实可能有不太正常的现象：比如经血过多，这是多囊卵巢综合征或子宫内膜异位症的一个症状（我们在后面会详细解释）。这种情况，你需要去看医生，他们会帮助你，照顾你。

建议你在看医生之前，先阅读本书第 54 页的《第一次去看妇科医生》，这会让你在看医生的时候放松不少！

经血过多

如果每次月经出血的时间超过 8 天，或者月经期间每小时都需要更换卫生巾，那就可能是经血过多。这可能是由多种原因导致的，需要去看妇科医生。

大多数情况下，你只需要任经血自然流淌，慢慢去习惯，毕竟这就是属于你的独一无二的例假！有的时候，你只想在肚子上放个热水袋，窝在被窝里读一本好书；或者一边听音乐、看电视剧，一边吃巧克力。热水袋是一个很有效的东西，可以让你放松下来，起同样作用的还有柔软的靠垫，可以持续发热数小时的暖宝宝贴。

多囊卵巢综合征

月经非常不规律或者很少，同时体毛重、掉发严重或无缘无故变胖，都可能是患有多囊卵巢综合征（PCOS）的信号。这意味着排卵不畅，卵巢内有囊肿。大约5%到10%的女性可能患有多囊卵巢综合征。不过，许多没有多囊卵巢综合征的女性也可能有一些上述症状。如果你担心自己得了多囊卵巢综合征，就去咨询专业的医生吧，网上的信息可能会让你虚惊一场。

痛经是什么？

就是来月经前或经期时感到下腹疼痛的医学词汇，分为原发性痛经和继发性痛经两类。很多女性都可能有原发性痛经，尤其是在青少年时期，通常并不严重，会慢慢好转。但如果你来月经时确实非常疼痛，最好去看妇科医生，确认是否是继发性痛经，并找到解决办法。

来月经时，也许你想去森林里跳舞、散步、摘花或者和树说说话，就像童话中的小红帽一样。而且，你去森林的时候，不用戴小红帽，也不用给外婆送点心……这些都很正常。你只需要让自己放松下来，感到舒服就好。

小红帽的故事

这个故事想必你一定耳熟能详。但你可能没有注意到,故事里暗含了月经的秘密。一些学者认为,小红帽的故事暗示女孩第一次来月经,因为她穿着红色的衣服!狼不会把你吃掉,但你一定知道走在路上一点儿都不平静。或许有很多人想和你搭讪,甚至评论你的身材或者穿着打扮,这些方式令人不怎么愉快。这是街头骚扰。遇到这种情况,你要注意保护自己。要问怎么避免这种情况?我也没有答案。应该是他们去改变自己的行为,而不是你要做什么。要给他们上好这一课,也许得再写一本书才行……

最后,请记住,有很多人喜欢来月经,她们觉得月经让自己变得更强大、更有创造力、更加活力四射了。她们喜欢这种通过月经让身体与大自然产生联系的感觉。你也可以!请在月经期间好好放松,不要为经血而烦恼,也不要为经血而自责!

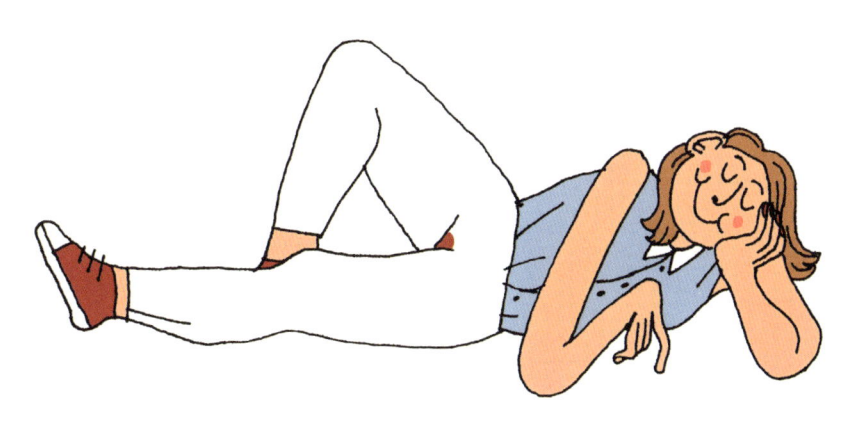

什么是子宫内膜异位症？

你一定听一些人说过,她们来月经的时候疼痛不已,常常呕吐,几乎无法出门。也许,你也是她们中的一员,月经让你感到无比痛苦,甚至难以承受。可人们却经常对这些女孩说,来月经时感到不舒服很正常。事实并非如此！

如果月经让你疼到身子像虾米一样蜷缩起来,甚至下不了床,

一点都不正常！

慢性病指长期存在或者会反复发作的疾病。

月经期间的剧烈疼痛,有可能是子宫内膜异位症的症状。这是继发性痛经的一种,属于**慢性病**,可能要一直持续到绝经为止。没有人会因此而死去,但它会让人非常痛苦,也可能导致生育困难。全世界大约 5%~10% 的女性会受到这种疾病的困扰。

子宫内膜异位症是一种与月经有关的复杂疾病。不知什么原因,正常情况下每个月都会被排出体外的子宫内膜,经由输卵管到达了腹部,而且没有被免疫系统清除掉。子宫内膜在子宫以外的部位生长,如卵巢、输卵管、膀胱……

保护身体的免疫系统

在我们的体内有一支由细胞组成的"军队",它们会对抗诸如病毒之类的微生物。组成大军的免疫细胞是免疫系统的一部分。免疫系统是人体的第一道防线,当它看到某些本来不应该出现的事物时,就会负责清除掉。但有的时候,免疫系统没能做到这一点,我们就会生病。

问题在于,这些子宫内膜会表现得仿佛它们还在子宫内一样。它们每个月经周期都会生长,引发出血,但却没有被排出。这种病不仅导致我们在来月经的时候非常疼痛,也会对我们上厕所、运动等产生影响。

通常,受这种疾病困扰的人要过好几年(大约7年)才能确诊。之所以需要这么长时间,有时是因为她们不敢说出来,有时则是因为人们没有认真听她们说,忽视了她们的感受。

有一些治疗手段可以减轻这种痛苦。有时需要服用药物,有时则需要手术治疗。所以,尽早诊断非常重要,越早确诊,就可以越早得到治疗。

如果你在来月经的时候非常痛苦,经常感到肚子或腰非常、非常疼,不要相信那些总是告诉你"这很正常",或者说你"太夸张"的人,尽快去咨询医生吧。

子宫内膜异位症是一种非常古老的疾病，大概在古埃及时期，女性就已经受到这种疾病的困扰。那时的医生建议饱受这种痛苦的女性结婚生子：怀孕的时候不来月经，子宫内膜异位症也就不那么让人痛苦了！

被烧死的"女巫"

在中世纪，被子宫内膜异位症折磨的女性有时被看作女巫。人们认为她们被魔鬼所控制。一些女性仅仅因为生病感到疼痛，就被架在柴堆上烧死。

癔症是一种精神疾病，也叫歇斯底里（男性和女性都有可能患病），这个词来源于希腊语，有子宫之意。说一个女人患有癔症，就是说她被自己的子宫和激素所控制，表现得十分疯狂，这是将女性的身份比作一种疾病。

以前，很多人认为患有癔症的人只不过是在演戏而已：人们不相信她们，更不认为需要为她们治疗！这种情况的改变，得益于患病的名人在公开场合谈论癔症。比如出演《生活是如此甜蜜》的女演员拉提莎·米洛，还有歌手伊曼妮。另外，美国的演员、导演莉娜·邓纳姆在其自编自导自演的电视剧《都市女孩》中，也曾多次谈起这种疾病。

现在，人们对子宫内膜异位症的了解越来越多。比如，中国有专门的《子宫内膜异位症诊治指南》；在法国，有专门的子宫内膜异位症科普网站，帮助大家更方便地了解这种疾病。

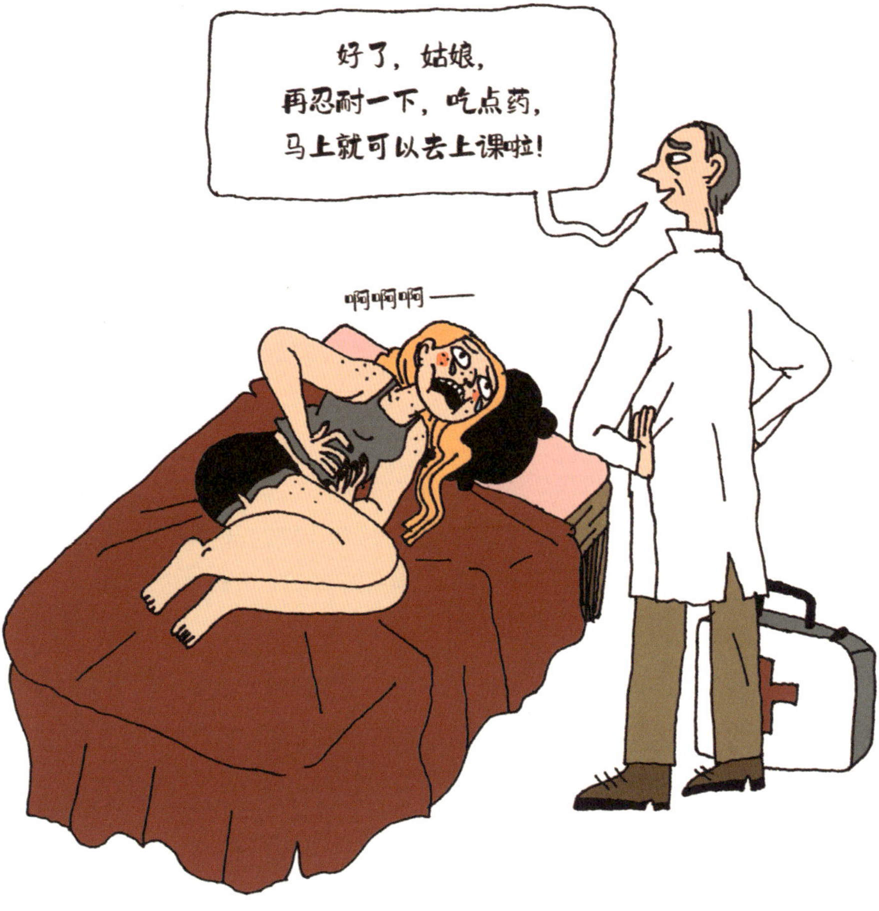
好了，姑娘，
再忍耐一下，吃点药，
马上就可以去上课啦！
啊啊啊——

"超级菌群",你的秘密武器

也许你不知道,你的阴道内部有一支秘密的"细菌大军",保护你的身体不受感染。这支"小个子军队"有个名字:阴道菌群,它们还有一个将领——乳杆菌。对那些想进入你身体的微生物,乳杆菌一点都不含糊。只要出现威胁,它就与自己的菌群团队一起筑起一道防线,击退进攻者。

乳杆菌也被叫作窦特兰氏杆菌,这是因为一位叫阿尔贝特·窦特兰的医生首次在阴道中发现了它。有时候,人们会用发现者的姓名为某一种事物命名。比如,意大利16世纪的解剖学家法洛皮奥(Gabriel Fallopius)就用自己的姓给连接卵巢和子宫的输卵管(fallopian tube)命名。

阴道菌群是属于你自己的,你可以给它们起一个只有你知道的名字:比如"超级菌群"或者"阴道小天才"。什么名字都可以,毕竟,阴道是你的私有领地!

快要来月经的时候,你的子宫和阴道会产生分泌物,我们通常称之为"白带"。这是一种透明的或者类似牛奶一样的液体,它让女性的阴道保持湿润。当它出现在你的内裤上时,你不用忧虑,这是身体健康的信号,说明你的身体非常好!

阴道菌群是你的秘密武器,但它们也很脆弱。香皂、沐浴露、私处香水、湿巾,一些带香味的、吸收性太强的经期卫生用品都会对它们形成威胁,从而使阴道内部过于干燥,甚至破坏你的防御系统。秘密中的秘密:仅用温水清洗外阴就好!

卫生护垫有什么用？

　　一般来说，非经期的时候，你无须使用卫生护垫。内裤度过了白天的时光，到了晚上，我们把它放进洗衣筐里，及时清洗就好了。你没必要在白天用卫生护垫对内裤进行额外的保护。我们的阴部也不宜整天接触卫生护垫上那些带香味的合成材料！而且过度使用卫生护垫会造成完全不必要的浪费。

与合成材料相比，纯棉制品对身体更友好。选择内裤的时候要考虑这一点！注意：对阴部进行脱毛或者刮毛处理，更容易导致阴部感染和发炎！

有时，阴道菌群也会有健康问题。你的阴部可能有灼热或刺痛感，白带可能有异味或者呈现异常：更稠，呈灰白色或者黄绿色……这可能是阴部感染、发炎的症状。无论如何，记得去寻求医生的帮助。

宫颈黏液

宫颈黏液是组成白带的主要成分。整个月经周期中，宫颈细胞都会产生这种特殊的分泌物。它会根据不同时间的需求而变化。

月经结束，宫颈黏液的量很少，非常黏稠：像塞子一样封住宫颈管，保护它不受病菌侵害。

快到排卵期时，宫颈黏液增多，变得稀薄、弹性较大，有利于精子向子宫和输卵管移动。

排卵那天，宫颈黏液具有非常大的弹性，很透明，非常稀薄。它帮助精子进入子宫，保护精子不受病菌伤害，并给它们提供营养：就像是为精子提供功能饮料，以便它们在路途中间补充能量。精子"饮用"一点黏液，摄取养分，然后再度出发！

排卵完成后，宫颈黏液再度变得黏稠，封住宫颈管，阻止病菌进入，也阻止精子穿越宫颈。月经即将开始的前几天，你可能会看到一些分泌出来的宫颈黏液，这是月经不会迟到的征兆。

经期卫生用品的"藏猫猫史"

全世界,每个月大约有 19 亿女性来月经,大约占女性总人口数的一半。在你阅读本书时,就有成千上万的女性正在来月经。

然而,由于众所周知的禁忌,月经仿佛有隐身功能。我们甚至有理由相信,墙壁里有卫生棉条和卫生巾的秘密藏身所,不然,为什么我们在那么多地方都看不到它们的身影呢?

你一定已经注意到了,我们身边有很多自动贩卖机。然而,当月经突然到来而商店又关门的时候,你却不可能在这些自动贩卖机里买到经期卫生用品!

✨ 让月经隐身就是让女人隐身❗

那么,在初中、高中、大学里是什么情况呢?你在校园的公共场所里找不到售卖经期卫生用品的地方。餐厅、咖啡店、博物馆、电影院里呢?也没有!有时候,我们能在火车站和机场里买到经期卫生用品,但并不是任何时候都可以。

经血的价格

300亿美元:这是全世界每年经期卫生用品的保守销售金额。据估计,大约有5亿女性无法自由地使用经期卫生用品,对她们而言,经期卫生用品的价格过于昂贵。我们把这个现象称为"月经贫困",这也是贫富差距的表现之一。因此,一些人支持在初中、高中以及大学免费发放卫生巾和卫生棉条。在中国,一些大学里有"卫生巾互助盒",帮助月经突然造访的女孩更方便地获得经期卫生用品。在法国,名为"基础例假"(Règles élémentaires)的月经协会收集经期卫生用品,分发给"月经贫困"的人。

经期卫生用品在公众场所难以见到。是因为卫生棉条和卫生巾里有什么不合法的东西吗?是因为使用它们会让人产生幻觉吗?还是因为它们很危险甚至会爆炸吗?答案是"不"。

不，使用卫生棉条完全合法。不，使用卫生巾时，你不会产生让精灵从阿拉丁神灯里跑出来，随时满足你愿望的幻觉。不，虽然卫生棉条的一端有一根细线，但它不是鞭炮的引火线。每个月来月经的女人不是间谍，她们在经期使用的"秘密武器"不会造成血流成河，恰恰相反，这些"秘密武器"帮助吸收血液！

经期卫生用品也许是最容易被忽略、被谈论得最少的生活必需品。这种现状导致我们对经期卫生用品缺乏了解，不知道该如何选择适合自己的产品。了解我们的**黏膜**以及阴道正在与什么材料接触，对我们的健康至关重要。

黏膜是器官内壁上的一层薄膜，它们覆盖着口腔、咽喉、阴道、子宫……

大约 **40** 年中，每个月月经都要造访 **2** 到 **7** 天，加起来大约有 **7** 年时间**！**

卫生巾和卫生棉条都是由塑料和其他材料制成的。也许你听说过，曾在其中发现过有害物质。难以想象，但确有其事！一些人认为，使用这些产品没有危险，因为有害物质残留物的含量微乎其微。

但是，我们不了解卫生巾或者卫生棉条的组成成分，是一件非常糟糕的事。很多生产商都没有在包装上详细说明原材料。我们也无法知道，如果身体与这些含有有害物质残留物的经期卫生用品接触时间过长，到底会产生什么后果。

选择适合自己的经期卫生用品

古代的女性来月经时，会用布条和带子（或别针）做成卫生带，用后清洗，下个月再继续使用。王后、公主和女公爵甚至有绣有她们名字首字母的卫生带……多么精致！在乡下，农妇用衬裙擦掉经血。相比贵族妇女，农妇们来月经的时间少很多，因为她们经常怀孕。据猜测，古埃及的女性发明了最早的卫生棉条，她们会在阴道中放置一根用软化后的莎草纸裹住的小棍，来吸收经血。

今天，我们有很多经期用品，通常被称为"经期卫生用品"，这种说法有一点奇怪，因为：

- 来月经时你并不脏。

- 如果使用时间过长，这些用品反而并不利于卫生。

- 它们会变成污染环境的垃圾（全世界每年要扔掉 450 亿片／根卫生巾或卫生棉条）。

昂贵的月经

对来月经的人而言，一生要用掉大约 1 万至 1.2 万片／根卫生巾或卫生棉条，差不多每个月要为此花费 30 元至 40 元……一年总共花费 400 多元！

经期卫生用品的种类很多。你可以选择一种最适合自己的。当然,你也可以根据时间、生活状态、从事的活动,以及自己的感受和看法,随时调整选择。

• **一次性卫生巾**一般是当你来月经时,人们首先建议你使用的经期卫生用品。它或薄或厚,有的带有可以粘在内裤上的护翼,有的不带。大约每2至4小时需要更换一次。它们含有合成材料,有的还添加了香料等。如果你的皮肤很敏感,最好不要购买添加香料的卫生巾。也有一些使用有机棉制作的卫生巾不含合成材料,能降低发炎和过敏的概率。

• **可重复使用的卫生巾**通常很柔软,也很漂亮,上面有好看的图案,有的还带有花边。晚上取下来之后,你可以用冷水手洗,也可以扔进洗衣机。可重复使用的卫生巾不含塑料。它最大的优势,就是不会造成环境污染,价格也较为低廉。它们使用起来很舒适,你还可以定制独特的款式!在网上商店很容易买到可重复使用的卫生巾。

• **卫生棉条**根据吸收量的大小,分为不同的型号——轻吸收量型(L)、普通吸收量型(R)、大吸收量型(S)、超大吸收量型(S+)。它的一头有一根小细线,方便取出,运动、跳舞、游泳时使用非常方便。有的还带有一根橡胶或者纸做的导管,使用时先把它和卫生棉条一起放进阴道,再用导管推入棉条,最后取出导管。还有一些不带导管,你需要用手指直接把棉条推进去。你可以选择自己认为最舒适的一种。在条件允许的情况下,最好选择吸收量小的卫生棉条(包装上一般会有说明),不要使用超大吸收量型——它们留在体内的时间更长,更可能导致发炎和过敏。医生建议使用卫生棉条的时间不要超过4小时。

阴道瓣

有些女性的阴道口有一层小小的黏膜,叫作阴道瓣。不是所有女性都有这层膜,它的柔软程度也因人而异。经血可以流过阴道瓣,因为膜中间一般有一个小洞。在这个小洞里也可以放置一根小小的卫生棉条,你不会因此而感到疼痛。

- **月经杯**是一个小而软的容器,有点像奶嘴,但是没有洞。它一般由硅胶、乳胶或者橡胶制成,有不同的尺寸(小号、大号)。月经杯要放置在阴道内以收集经血。生产商称每次使用月经杯的时间可以长达 12 小时,但医生建议最好根据月经量,每隔 4 至 12 小时倒空一次,以避免感染。睡觉时最好不要使用,但在运动或游泳时使用非常方便。它的另一大优势是可以重复使用:倒掉里面的经血后,用冷水冲洗,再用肥皂水清洗干净,就可以再次使用了。每个经期结束时,需要对它进行沸水消毒(有的也可以使用微波炉消毒)。月经杯的使用寿命长达 5 至 10 年,非常经济。它还有一个优势是,不会使阴道内部变得过于干燥,与卫生棉条相比刺激性更小。

保持月经杯清洁!

相比一次性经期卫生用品,保持月经杯的清洁非常重要。多数时候你可以在家里清洗、更换月经杯。当你出门在外,又不得不更换月经杯时,你可以使用带有独立洗手盆的无障碍卫生间。

- **月经海绵**的原材料来自一种海洋里的海绵动物。长期以来,这种材料因具有较强的吸收能力而被广泛应用。纯天然的月经海绵的外形和大小都是不规则的，也有性能优越的合成海绵。使用月经海绵前，要先将它轻轻润湿，再放入阴道内以吸收经血。用清水和中性香皂清洗干净后，月经海绵可以重复使用几次。月经海绵的优势在于它很柔软。与卫生棉条、月经杯一样，建议使用月经海绵的时间不要超过 4 小时。使用不熟练的时候，取出月经海绵可能会略有难度。有的月经海绵配有细绳，更方便取出。

中毒性休克综合征

这是一种罕见而严重的疾病，在使用体内经期卫生用品（卫生棉条、月经杯、月经海绵……）时间过长时可能发生。它主要由一种叫作"金黄色葡萄球菌"的细菌导致。在特定人群中，特定条件下，如果经血在阴道内堵塞，金黄色葡萄球菌可能会释放毒素，严重时有可能引起休克。如果你在来月经时使用了卫生棉条、月经杯或者月经海绵，并表现出发烧、恶心、疼痛、皮肤灼热或腹泻等症状，就要立刻取出经期卫生用品，并去看急诊。中毒性休克综合征是一种罕见病，不是所有的医生都熟悉。但处理越及时，治愈的可能性也越大。

• **月经碟片**是一种柔软的碟片，使用后可以暂时阻止血液流过阴道。它放置的位置要深入至子宫颈。虽然生产商称月经碟片可以长时间使用，但医生认为，它的使用时间与月经杯和卫生棉条一样，要根据月经量来决定，不要超过 12 小时。要放置好月经碟片，需要身体非常放松。有些月经碟片可以重复使用，有些则不能。

- **月经裤**听起来有点好笑，但真的是一项天才的发明！它看起来与普通内裤很相似，甚至很好看，只是它由至少三层功能性面料组成，即使在经血量很大的时候也能很好地吸收经血。月经裤非常实用，尤其是在你不太确定月经何时造访时，使用月经裤可不必担心弄脏衣服，因为它有一层防水面料。经血量很大的时候，还可以配合卫生巾、卫生棉条或者月经杯使用。月经裤可以先用冷水冲洗，然后像普通内裤一样正常洗涤，反复使用。在网上商店就可以买到月经裤，不过，要选择正规的厂家。月经裤的优势很多：舒适、安全，而且无污染——因为可以重复使用。初次购买的费用有一点昂贵，但考虑到之后无须每月购买一次性经期卫生用品，整体算下来还是很划算。这种新的经期卫生用品在美国风靡一时，甚至还有专门展示它们的时装展。

自由控制

有些人说可以通过收缩肌肉憋住经血，就像憋住大小便一样，去厕所的时候再让它流出来。她们把这称作"自由控制"，也许你在网络上或者电视上看到过这种说法。一些成功做到的人说这很实用，但需要大量练习。不过，我还是建议你不要这么做。月经期间，选择适合自己的经期卫生用品，能帮助你更好地生活和学习。

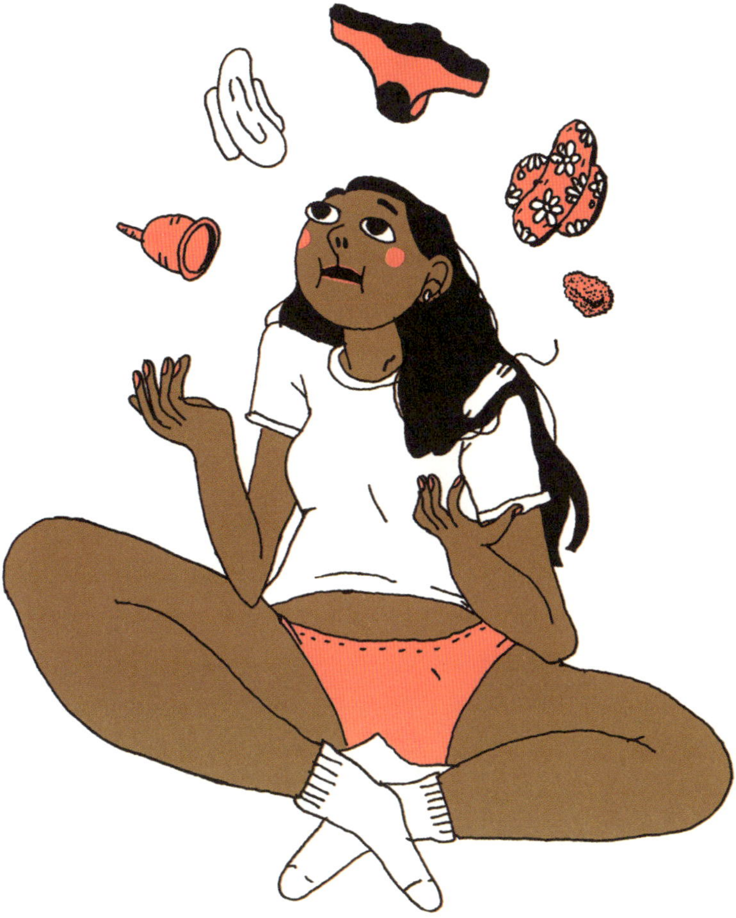

第一次去看妇科医生

女孩子第一次来月经时,人们会建议她去看全科医生或妇科医生,后者是女性健康方面的专家。

你或许有过这样的就医经历:医生一边问你很多问题,一边写下字迹难以辨认的处方,在生活、饮食、穿着以及行为方面给你一系列建议,但全程都没有抬起头来好好看你一眼。好吧,有的妇科医生可能也是如此。他们给你建议是一件好事,但你去那儿并不只是为了得到这些:你可以尽可能让医生明白,你不是一个病例,而是一个活生生的人,希望诉说一下自己的感受,如果必要的话,可以接受治疗。

"你的月经规律吗?"

医生几乎都会问这个问题!但刚来月经时,月经通常并不规律。第一次来月经后,第二次月经有可能过三周就再度造访,也有可能过三个月才来,但都没什么可担心的。

第一次去看医生时,如果你没有特定的问题,不用让妇科医生检查你的私处,也没必要让医生对胸部进行触诊,尤其是当你感到害怕或者紧张的时候。只有在你同意而且有必要的情况下,才能进行上述检查,比如来月经时你感到疼痛,或有其他令你担心的问题。

不,来月经时感到疼痛万分一点儿都不正常。如果发生这种情况,你应该去看医生,寻求帮助,缓解这种症状。

也许你碰到的医生会画张图,解释你的身体内正在发生什么变化。这种草图大多不尽人意。你没必要发表一些让人不快的评论,比如:"画得真糟糕""如果你画的这个就是子宫的话,那我都能画比萨斜塔了"。不是所有人都学过画画。如果医生随便就能画出一幅生动的漫画,那他可能就去当漫画家了,而不是坐在这儿给你看病。

希波克拉底誓言

希波克拉底是古希腊医师,据说,他规定了医生应当遵守的一些规则,包括:保守职业秘密;尊重病人,不论他的出身、宗教信仰和社会地位如何;禁止给病人毒药……

在就医中，医生必须尊重你的决定，保守"医疗秘密"，在没有获得你授权的情况下，无权将你的情况透露给他人。

现在，你应该对第一次去看妇科医生不再感到那么不安了。至少，你很清楚医生的检查需要得到**你的同意**才行。

不来月经的日子

如果要玩游戏，最好先了解规则，然后跟着玩一局！面对月经也一样，当你了解了关于月经的规则，你就可以试着记录自己的月经周期，标记月经开始的日期，并记下当时的感受。智能手机上有一些应用程序，可以帮你更好地了解自己的身体状况。

每个人都是独一无二的：你的身体和感受只属于你**自己**。

不过还是回到不来月经这个问题吧。有很多情况会导致不来月经。

- 如果月经没有如期而至，**怀孕**是应该考虑的因素，当然是在已经有性行为的前提下！如果你没有经血，而且感觉和平时有一点儿不一样，要赶快进行检测，冷静地决定接下来应该怎么做。

- **饮食不足**也有可能影响排卵。如果你正在减肥，或者患有神经性厌食症，月经也有可能暂停。

饥饿与闭经

大饥荒时期，比如路易十四执政时期的法国，或者在二十世纪发生世界大战的时候，饥饿导致了很多女性闭经。这种情况属于"功能性下丘脑性闭经"，经过及时治疗，月经就可以恢复。

- 生活中的**重大变化**也有可能影响排卵。如果你受到惊吓、因长途旅行而过于劳累、工作强度过大，或者因考试而压力倍增、因一些事情感到痛苦、失去对你来说非常重要的人，你的身体都有可能做出反应，中止来月经。

- **高强度的体育运动**也有可能产生同样的后果。一般来说，只要体育训练的节奏放缓或者增加休息，月经就会恢复。有的运动员说她们在来月经的时候会感到身体有些不舒服，在从事高要求的体育运动时，这可能是个问题。如果你恰好是这种情况，一定要在训练期间与教练和队医讨论，根据你的实际情况和对你来说最重要的事进行调节，以找到最佳解决方案，采取让你感到最为自如的经期防护措施。

- **有些持续口服的避孕药**以及**其他避孕方法**有可能导致闭经。有些女性在服用口服避孕药或采取其他避孕措施后，会出一点点血，但月经却消失了，直到不再采取这种避孕措施。如果你愿意的话，在你因为即将去考试、参加体育测验、去旅行而无暇顾及月经时，你可以通过服用相关的药物推迟月经，但一定要在医嘱下进行。

经过与医生讨论，你可以根据自己的健康状况、生活方式以及感受，做出自己的选择。

你的月经你**做主**！

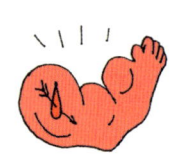

- 女性在 50 岁左右，月经会永久终止——这种现象叫作"**绝经**"。女性绝经后，便失去生育能力。它离你可能还非常遥远……也许你的妈妈已经接近或者正在经历这一时期。你们可以一起讨论一下月经，以及它对你们的意义！

消除月经贫困,我们在行动

地球上约一半的人口,也就是大约 38 亿人为女性。大约 19 亿年龄在 12 岁到 51 岁之间的女性每个月都会来月经。

全世界每年有超过 450 亿片/根卫生巾或卫生棉条被扔掉。如果把它们一个接一个排成队,能一直排到月球。

月经禁忌在全世界都存在,无论我们处于什么国家、什么文化和宗教背景下。但不同的是,有些国家或地区的女性处于月经贫困的状态:她们很难有机会获得经期卫生用品,或接受与月经相关的教育。

在全球,至今仍有 4000 万女性没钱购买经期卫生用品。她们有时候不得不使用旧布条、泥土,甚至是树叶来吸收经血。

在缺水和缺少卫生间的地区,女性的处境尤为困难。战乱国家的女性也一样,身为难民、无家可归者,她们很难获得卫生巾或卫生棉条等经期卫生用品。这严重影响了这些女性的健康和幸福:她们更容易受到感染,来月经时也更为痛苦。

还有一些国家，年轻的女孩来月经时不去学校，因为她们感到疼痛，感到羞耻，或者害怕被别人嘲笑。在非洲一些国家，每10个女孩中就有1个女孩处于这样的境地。

世界各地都有人为打破

月经禁忌而努力，

有女人，也有男人。

- 2015年，艺术家基兰·甘地在来月经的时候，不使用经期卫生用品，跑完了伦敦马拉松比赛，以显示我们不应该将月经隐藏起来，不应该为它感到羞耻。

- 在印度，一些人决定走遍全国，谈论月经，帮助有需要的女性制作经期卫生用品或者安装专门的厕所。此外，人们还行动起来，破除关于月经的迷信。比如"摸摸酸黄瓜"活动，就是要说服女性，与数个世纪以来人们告诉她们的截然相反，她们在月经期间可以触摸任何食物，当然也包括酸黄瓜！

- 在非洲，2017年起启动了一场大型活动，叫作"像她一样来月经"，旨在打破当地的月经禁忌。

- 在法国，名为基础例假（Règles élémentaires）的月经协会收集经期卫生用品，分发给无家可归的人。

- 在美国，人们为经期卫生用品能够在大学、中学以及收容场所免费发放而努力。这一活动在纽约已经大获成功，但在美国其他地区还没有。

月经终极测验

1. 初次来月经叫作什么?
A. 英国人突然来了
B. 初潮
C. 哎呀呀来了

2. 每个经期的出血量是多少?
A. 0.5 升, 这是希波克拉底说的
B. 20 至 60 毫升, 大约相当于一小杯咖啡
C. 甜品勺的一小勺 (祝你胃口好!)

3. 一个女性一生中要来多少次月经?
A. 450 次至 500 次
B. 20 次, 这就够了
C. 开始一次, 中间一次, 最后一次

4. 每次月经持续多长时间?
A. 2 至 7 天
B. 10 至 15 天
C. 24 小时

5. 经血是什么颜色的?
A. 绿色, 因为是纯天然的
B. 红色, 这是我亲眼看到的
C. 蓝色, 和广告里一样

6. 来月经的时候表示什么？
A. 有生育能力，会很容易就怀孕
B. 是月经周期的开始
C. 是月经周期的中间

7. 两个经期之间相隔多少时间？
A. 整整 28 天
B. 根据月相的更替周期确定，29.5 天
C. 一个变化的区间，一般为 20 天至 40 天不等

8. 有些人在经期感到疼痛，这种现象叫什么？
A. 痛经
B. 腹痛
C. 痉挛

9. 因为饥饿导致闭经指的是？
A. 月经期间总是感到肚子很饿
B. 因为食物不足导致月经暂时中止
C. 一种传染病，使人没有食欲

10. 子宫内膜异位症是什么？
A. 一种背部疾病
B. 一种音乐，介于交响乐和朋克之间
C. 一种和月经有关的疾病，可能导致剧烈疼痛

11. 阴道菌群是什么？
A. 阴道每个月长出的花朵
B. 一系列植物，共同形成阴道
C. 阴道的生态系统，保护阴道不受感染

12. 绝经是什么？
A. 两次月经之间的日子
B. 到一定年龄后，月经永久终止的现象，大约 50 岁时
C. 取消课间休息（不休息，天啊！）

答案：
1. B / 2. B / 3. A / 4. A / 5. B / 6. B /
7. C / 8. A / 9. B / 10. C / 11. C / 12. B

结论
- 如果你只答对 2 至 5 道题，说明你需要重新阅读这本书。
- 如果答对 6 至 9 道题，你对这本书里的知识掌握得还不错。
- 如果答对 9 道题以上，你太棒了！

表达来月经的1001种方法

既然你已经读完了本书，你一定已经知道怎么用正确的名字来称呼月经了！

说出"我来月经了"或者听到别人这么说，不会导致任何人死亡！

不过如果你想体验多种表达的乐趣，你也可以说：

小熊来了

我的哎呀呀来了

我的大姨妈来了

我的生理期到了

我的花到了

我内裤里有红色军队

我的番茄汁来了

我的虞美人花开了

我的月亮来了

我的小画家来了

现在是我的番茄酱周

我正在穿越红海

我正在犯罪现场

你还知道其他表达月经来了的方式吗？

我的专属月经卡片

_____的月经卡片

月经初潮时间：_____
_____

当时我在哪儿？_____
_____

我期待它的到来吗？_____
_____

我的反应：_____
_____

我第一个告诉的人：_____
_____

我首先采取的措施：_____
_____

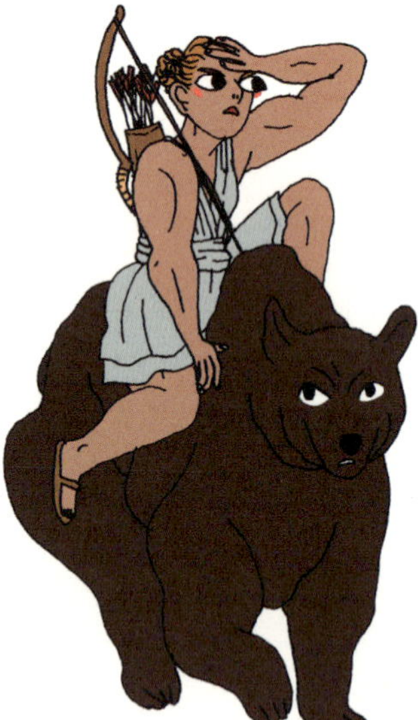